EMMA STERN & SABINE KRANZ
BASTEL DIESES AVENTSKALENDERBUCH FERTIG!

Emma Stern
Sabine Kranz

Bastel dieses Adventskalender-Buch fertig!

24 Ideen zum Schnippeln, Kritzeln und Kreativ-Sein

SCHNEIDERBUCH

1. Auflage 2022
Originalausgabe
© 2022 Schneiderbuch in der
Verlagsgruppe HarperCollins Deutschland GmbH, Hamburg
Alle Rechte vorbehalten

Einband und Illustrationen: © Sabine Kranz
Gedichte: Seite 34/102: Uwe-Michael Gutzschhahn: »Rutschpartie« und »Leichter Schnee«
© beim Autor; Seite 46/50: Lena Raubaum: »Kerzfrage«, »Scherzfrage« und »Frohflocken«
© bei der Autorin; Seite 48: Monika Minder: »Der Schneemann« © bei der Autorin;
Seite 60/94: Michael Augustin: »Gelernt ist gelernt« und »Drei Könige« © beim Autor.
Mandala auf Seite (Pingo): © flickr_5296119901_117ef2265c_o
Mandala auf Seite (Kristall): © oooRENAooo_AdobeStock_184719313

Gesetzt aus der Catalina Clemente, Chronic, Woodford Bourne Pro
Satz: Annalena Weber Buchdesign, Hamburg
Druck und Bindung: CPI books, Leck
Printed in Germany · ISBN 978-3-505-15066-1

www.schneiderbuch.de
Facebook: facebook/schneiderbuch
Instagram: @schneiderbuchverlag

HEY DU,

wie schön, dass dieses Buch genau jetzt vor dir liegt! Es will dich durch den Advent begleiten und dir die Zeit bis Weihnachten verkürzen: Du kannst jeden Tag ein neues Türchen aufschlagen und schauen, was sich dahinter verbirgt. Mal sind das lustige oder spannende Aufgaben zum Schnippeln, mal zum Kritzeln, Lesen, Spielen oder um direkt ins Buch hineinzuschreiben. Außerdem findest du hier viele tolle Ideen, um ganz besondere Weihnachtsgeschenke zu basteln für alle, die dir wichtig sind.

Damit du immer sofort losbasteln kannst, such dir am besten am Anfang einmal all das zusammen: eine spitze Schere ◊ ein Lineal ◊ einen Pinsel ◊ einen Bleistift und Radiergummi ◊ Bunt-, Filz- oder Glitzerstifte ◊ einen schwarzen Fineliner ◊ Wasserfarben ◊ Flüssigkleber, Klebestift und Klebeband

Was du außerdem noch brauchst (zum Beispiel farbiges Ton- und Transparentpapier aus dem Schreibwarengeschäft), steht vor jeder Bastelanleitung.

Und dann kann es auch schon losgehen!

Ganz viel Spaß mit diesem Buch
und eine wunderschöne Adventszeit wünschen dir

Emma und Sabine

6

FESTLICHE KARTE MIT POP-UP-TANNENBAUM UND ROTER WEIHNACHTSKUGEL

Du brauchst dafür: ◊ ein Blatt weißes Tonpapier (DIN A4 oder DIN A5)
◊ ein Blatt grünes Tonpapier (DIN A4) ◊ ein kleines Stück rotes Tonpapier
◊ Lineal ◊ Bleistift ◊ Schere ◊ Kleber oder doppelseitiges Klebeband

1 Falte das weiße Papier der Länge nach einmal genau in der Mitte und schneide es in zwei Hälften. Falte nun eine der Hälften wieder in der Mitte. Schon hast du deine Klappkarte.

2 Für den Pop-up-Tannenbaum leg das grüne Tonpapier quer vor dich. Miss mit dem Lineal einen Zentimeter ab und knick das Papier hier. Falte nun das ganze Papier wie eine Ziehharmonika.

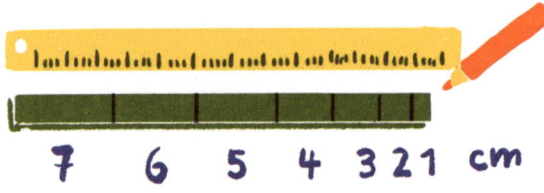

3 Leg das zusammengefaltete Papier vor dich und schneide es in Stücke mit den folgenden Längen: 7, 6, 5, 4, 3, 2, ein Zentimeter.

4   Kleb die Papierstreifen nun mit Kleber oder doppelseitigem Klebeband innen auf die rechte Seite deiner Klappkarte entlang des Knicks. Beginne mit dem kürzesten Streifen (ein Zentimeter) ganz oben am Rand der Karte. Direkt darunter folgt der 2 Zentimeter lange Papierstreifen, dann der 3 Zentimeter lange und so weiter, bis alle Streifen aufgeklebt sind.

festkleben

festkleben

5   Trag nun Kleber oder doppelseitiges Klebeband auf der anderen Seite von allen Papierstreifen auf.

6   Klapp die Karte zu, drück sie gut zusammen und lass alles eine Weile trocknen.

festkleben

7   Zuletzt schneidest du einen kleinen Kreis aus rotem Tonpapier aus, knickst ihn einmal in der Mitte und klebst ihn von hinten oben an die Karte, sodass er zur Hälfte übersteht. Wenn du die Karte in einen Briefumschlag stecken möchtest, klappst du die rote Kugel einfach ein.

Wauw!

SELBST GEBASTELTE BRIEFUMSCHLÄGE

Du brauchst dafür: ◊ einen Briefumschlag
◊ schönes buntes Papier, z.B. Geschenkpapier
oder eine Seite aus einer Zeitschrift
◊ Bleistift ◊ Schere ◊ Klebeband ◊ ein
kleines Stück weißes Papier

1 Nimm den Briefumschlag
und schneide ihn an den beiden
schmalen Seiten auf – das ist
deine Schablone.

2 Leg den aufgeklappten
Umschlag auf weihnachtliches
Geschenkpapier oder anderes
buntes Papier, das dir gefällt.

3 Zeichne den Umriss des
Umschlags nach und schneide
ihn aus.

4 Verschließe nun deinen
Umschlag mit Klebeband an
den beiden schmalen Seiten.

5 Zuletzt schneidest du aus
weißem Papier noch zwei Recht-
ecke aus für Anschrift und
Absender und klebst sie auf der
Vorderseite und der Rückseite
des Umschlags auf.

HANDLETTERN FÜR ANFÄNGER

Hast du Lust, deinen Wunschzettel in diesem Jahr ganz besonders zu gestalten? Das geht prima mithilfe von Handlettering. Und mit ein bisschen Übung ist es außerdem auch noch super einfach! Indem du die Buchstaben nicht schreibst, sondern zeichnest, entsteht ein richtiges Kunstwerk.

Du brauchst dafür: ◊ Bleistift ◊ Radiergummi ◊ Fineliner oder Buntstifte (du kannst auch Kalligrafie-Stifte verwenden, die gibt es in unterschiedlichen Stärken, z. B. im Bastelgeschäft) ◊ Papier

Unten und auf der gegenüberliegenden Seite siehst du, wie du das Wort WUNSCHZETTEL als Überschrift für deine Weihnachtswünsche auf vier ganz unterschiedliche Arten schreiben kannst. Schnapp dir ein Blatt und probier es aus oder schreib direkt hier ins Buch rein!

Du kannst die rechte Seite von jedem Großbuchstaben durch einen zusätzlichen dicken Strich verstärken, sodass das Wort wie bei einer Graffiti-Schrift einen 3-D-Effekt bekommt.

Oder du schließt die einzelnen Buchstaben oben und unten mit Mini-Strichen ab
(die nennt man auch Serifen) und machst sie da, wo es dir passend erscheint,
durch einen dünnen zweiten Strich breiter.

Wunschzettel

Versuch mal, alle Buchstaben möglichst rund zu schreiben.
Du kannst sie mit 3-D-Effekt ausmalen.

Oder schreib das Wort in einem Rutsch durch und verbinde dabei alle
Buchstaben miteinander. Da, wo es dir gefällt, mach Kringel und Schnörkel.

Schreib das Wort Wunschzettel hier so weihnachtlich wie möglich auf den Tannenzweig. Du kannst alle möglichen Farben und Formen verwenden. Oder du malst die einzelnen Buchstaben mit weihnachtlichen Mustern bunt aus.

Und jetzt kannst du deinen Wunschzettel weihnachtlich lettern!

WILLKOMMEN IN DER ADVENTSBÄCKEREI!
DIE ALLERBESTEN VANILLEKIPFERL

Du brauchst für etwa 80 Stück: ◊ 200 g weiche Butter ◊ 75 g Puderzucker ◊ 2 Päckchen Vanillezucker ◊ ein Ei ◊ 180 g Mehl ◊ 200 g gemahlene Mandeln ◊ abgeriebene Schale von einer unbehandelten Zitrone ◊ Frischhaltefolie ◊ Backpapier ◊ Handrührgerät oder Küchenmixmaschine
Zum Wälzen: 2 Päckchen Vanillezucker ◊ 50 g Zucker ◊ 125 g Puderzucker

1 Rühr die Butter, den Puderzucker und den Vanillezucker mit dem Handrührgerät oder in der Küchenmixmaschine in einer großen Schüssel schaumig.

2 Füge das Ei, das Mehl, die gemahlenen Mandeln und die Zitronenschale nach und nach hinzu und rühr alles gut um, bis ein Teig ohne Klümpchen entstanden ist.

3 Forme zwei lange Rollen aus dem Teig (etwa 3 Zentimeter Durchmesser), wickle sie in Frischhaltefolie und lege die Rollen eine Stunde in den Kühlschrank.

60 Minuten

4 Anschließend schneidest du die Teigrollen in etwa einen Zentimeter dicke Scheiben und formst kleine Hörnchen daraus.

5 Leg die Hörnchen auf zwei mit Backpapier belegte Backbleche.

12 Minuten

6 Backe deine Plätzchen bei 180 Grad Ober-/Unterhitze etwa 12 Minuten.

7 Vermische in der Zwischenzeit den Vanillezucker, den Zucker und den Puderzucker.

8 Nimm deine Vanillekipferl nach 12 Minuten aus dem Ofen und wälze sie vorsichtig (Achtung: Sie brechen schnell auseinander!) mithilfe von zwei Esslöffeln noch heiß in der Zuckermischung.

GANZ SCHÖN KÖSTLICHE AUSSTECH-PLÄTZCHEN

Du brauchst für etwa 35 Stück: Für den Teig: ◊ 200 g Mehl ◊ 100 g Zucker ◊ ein Päckchen Vanillezucker ◊ ein Eigelb ◊ 150 g weiche Butter ◊ eine Prise Salz ◊ etwas Mehl für die Arbeitsfläche ◊ Handrührgerät oder Küchenmixmaschine ◊ Nudelholz ◊ unterschiedliche Ausstech-Förmchen Zum Verzieren: ◊ ein Eigelb ◊ Vollmilch-Kuvertüre ◊ Mandelstifte oder -blättchen ◊ Schokolinsen ◊ bunte Streusel ◊ einen Pinsel

1 Mische Mehl, Zucker, Vanillezucker, Eigelb, weiche Butter und Salz in einer großen Schüssel mit dem Handrührgerät oder in der Küchenmixmaschine, bis der Teig keine Klümpchen mehr hat.

2 Stelle ihn für 1,5 Stunden abgedeckt an einen kalten Ort, z. B. in den Kühlschrank.

3 Streue etwas Mehl auf die Arbeitsfläche und reibe auch das Nudelholz mit Mehl ein. Jetzt roll den Teig etwa einen halben Zentimeter dick aus.

4 Nun kannst du mit den Förmchen die unterschiedlichsten Formen und Figuren ausstechen, bis der gesamte Teig verbraucht ist.

5 Leg alle Plätzchen auf ein mit Backpapier ausgelegtes Blech, bestreich einen Teil mit Eigelb und streu Mandelstifte oder -blättchen auf das Eigelb.

6 Back die Plätzchen bei 175 Grad Ober-/Unterhitze 10 Minuten im Ofen.

7 Wenn du sie herausnimmst, verzier die Plätzchen ohne Eigelbglasur mit Schokolade, Schokolinsen und bunten Streuseln.

Um die Kuvertüre zu schmelzen, erhitze langsam Wasser in einem Topf, in den du eine kleinere Schüssel mit der Schokolade stellst.

19

COOLE PLÄTZCHEN-VERPACKUNGEN

Deine selbst gebackenen Plätzchen kannst du in der Adventszeit oder an Weihnachten verschenken. Besonders schön sieht das aus, wenn du die Plätzchen in leere Marmeladengläser füllst und diese weihnachtlich verzierst!

Du brauchst dafür: ◊ ein gespültes Marmeladenglas ◊ einen Streifen Tonpapier ◊ Bleistift ◊ Schere ◊ Kleber ◊ eventuell einen kleinen Tannenzweig

1   Schneide einen schmalen, etwa 2 Zentimeter breiten Streifen aus buntem Tonpapier aus. Der Streifen sollte so lang sein, dass er einmal um dein Glas passt.

2   Falte den Streifen nun wie eine Ziehharmonika.

3   Zeichne einen Stern, Tannenbaum oder Schneemann darauf. Achte darauf, dass der Schneemannbauch, die Tannenbaumzweige oder die Sternspitzen dabei über die Seiten hinausgehen – denn nur so entsteht eine Papierkette.

4   Schneide nun alles weg, was nicht zu deinem Motiv gehört.

5   Zieh den Streifen auseinander und klebe die Papierkette um das Glas.

6   Wenn du möchtest, kannst du auch noch eine Schleife darum binden, einen kleinen Tannenzweig durchstecken und den Klappkartenanhänger von Seite 98 am Glas befestigen.

BASTELANLEITUNG FÜR TOLLE FENSTERBILDER

Um dein Fenster in der Adventszeit weihnachtlich zu dekorieren, brauchst du: ◊ buntes Transparentpapier ◊ spitze Schere ◊ Kleber ◊ doppelseitiges Klebeband

1 Schneide die Adventsmotive aus. Am einfachsten geht das, indem du sie erst aus dem Buch ausschneidest und dann entlang der orangenen Linie knickst. Danach kannst du auch die weißen Flächen innen gut mit einer spitzen Schere ausschneiden.

2 Beklebe die Formen nun von hinten mit dem bunten Transparentpapier – dabei sollte das Transparentpapier nicht über den schwarzen Rand des Motivs hinausstehen.

3 Jetzt kannst du deine Adventsbilder mit doppelseitigem Klebeband am Fenster befestigen und bewundern.

Spitze Schere

Die werden soo schön!

22

Vor dem
Ausschneiden
der Flächen innen
hier einmal
knicken.

AUF DIE ZAPFEN, FERTIG, LOS!

Wer im Herbst und Winter draußen unterwegs ist,
kann Zapfen sammeln und daraus lustige Tiere basteln.
Zum Beispiel Waldtiere wie Eulen oder Igel!

Dafür brauchst du: ◊ Zapfen ◊ unterschiedlich
farbige Filzbögen (Weiß, Schwarz, Hellbraun
und Gelb oder Orange)
◊ einen schwarzen Filz-
stift ◊ Flüssigkleber
◊ eventuell selbst
klebende Wackel-
augen

So geht's:

Die sieht
dir ja total
ähnlich!
So eine will
ich auch!

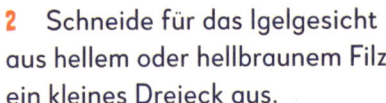

DEIN ZAPFENIGEL

1 Leg einen Zapfen der Länge
nach vor dich hin.

2 Schneide für das Igelgesicht
aus hellem oder hellbraunem Filz
ein kleines Dreieck aus.

3 Schneide zwei kleine Kreise
aus weißem Filz aus – das sind die
Augen. Male mit schwarzem
Filzstift Pupillen in die Mitte der
Kreise und klebe die fertigen
Augen anschließend auf das Igel-
gesicht. Du kannst die Augen
natürlich auch ganz aufmalen.
Oder du nimmst Wackelaugen.

4 Schneide für die Nase einen etwas größeren Kreis aus schwarzem Filz aus. Klebe ihn an die untere Spitze des Dreiecks. Oder male die Nase mit schwarzem Filzstift auf.

5 Klebe das fertige Igelgesicht vorsichtig von oben auf das schmalere Ende des Zapfens und lass es gut trocknen.

Ich will auch einen Igel basteln! Sagst du mir, wie's geht?

Wenn du beim Spazierengehen Eichelhüte findest, kannst du auch diese als Augen verwenden. Klebe die Filzaugen dann in die umgedrehten Eichelhüte und befestige sie mit Kleber am Zapfen.

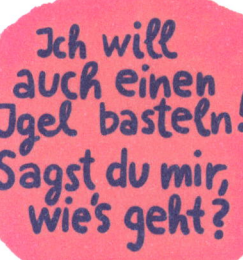

DEINE ZAPFENEULE

1 Schneide wie beim Igel zwei kleine Kreise aus weißem und zwei noch kleinere Kreise aus schwarzem Filz aus. Klebe die schwarzen auf die weißen Kreise und anschließend beide Augen oben auf das schmalere Ende des Zapfens.

2 Schneide einen kleinen dreieckigen Eulenschnabel aus gelbem oder orangefarbenem Filz aus und kleb ihn unterhalb der Augen fest.

3 Schneide noch je zwei Eulenflügel und -füße aus braunem, weißem oder gelbem Filz aus und kleb sie auf. Lass auch dieses Zapfentier möglichst lange trocknen, damit es stabil wird.

Lärche
2 bis 6 cm

Douglasie
4 bis 10 cm

WUSSTEST DU ...

Kiefer
4 bis 12 cm

... dass Tannenzapfen am Baum nach oben wachsen, Fichtenzapfen von den Zweigen herunterhängen und Kiefernzapfen waagerecht vom Zweig abstehen?
... dass Fichtennadeln piksen, während Tannennadeln stumpf sind, und dass die Lärche der einzige Nadelbaum ist, der im Winter seine Nadeln verliert?
... dass du auf dem Boden nie unversehrte Tannenzapfen entdecken wirst? Denn wenn Tannenbäume ihre Zapfen abwerfen, zerfallen diese schon auf dem Weg nach unten. So können sich die Samen, die tief in den Zapfen sitzen, am besten auf und in der Erde verteilen.

Fichte
10 bis 16 cm

Die Zapfen links gehören zu Nadelbäumen, die bei uns wachsen. Du kannst sie an ihrer Länge und Form unterscheiden.

Zum Basteln der Tiere kannst du alle Zapfenarten verwenden.

Tanne
16 bis 18 cm

28

WOHER KOMMT DER NIKOLAUS?

Am 6. Dezember feiern wir Nikolaus. Aber warum eigentlich?
Nikolaus war ein Heiliger und hieß mit vollem Namen Nikolaus von Myra.
Er wurde um 270 nach Christus geboren. Gestorben ist er an einem
6. Dezember – in welchem Jahr weiß man nicht genau.

Schon mit 19 Jahren wurde Nikolaus Priester, später war er Bischof von
Myra, einer Stadt in der heutigen Türkei. Über den Heiligen Nikolaus gibt
es viele Legenden: Er soll zum Beispiel einmal heimlich nachts drei Gold-
klumpen durch das Fenster eines armen Mannes geworfen haben und half
damit nicht nur ihm, sondern vor allem seinen drei Töchtern. Das Gold
landete nämlich in den Strümpfen, die die Mädchen zum Trocknen am
Kamin aufgehängt hatten. Darum hängen bis heute viele Kinder am
Nikolausabend ihre Strümpfe auf oder stellen die geputzten Schuhe vor
die Tür.

Außerdem beendete Nikolaus eine Hungersnot, indem er auf wundersame
Weise dafür sorgte, dass in Myra das Korn immer mehr und mehr wurde.

Und er soll Seeleute, die in ein schweres Unwetter geraten waren, gerettet
haben: Als sie in ihrer Not um Hilfe riefen, erschien plötzlich ein unbekannter
Mann auf dem Schiff und half ihnen, im Sturm Kurs zu halten. Später er-
kannten die Seeleute, dass der Mann Nikolaus gewesen war. Deshalb ist der
Heilige Nikolaus bis heute nicht nur der Schutzpatron der Kinder und der
Armen, sondern auch der Seefahrer und Schiffer.

Womit hat der Nikolaus deine Schuhe gefüllt?

Male es hier rein →

HO, HO, HO!
BASTEL DIR EINEN KLOROLLEN-NIKOLAUS!

Dafür brauchst du: ◊ eine leere Klorolle ◊ ein Blatt rotes DIN-A4-Tonpapier ◊ ein Blatt weißes DIN-A4-Tonpapier ◊ Watte ◊ Buntstifte ◊ Schere ◊ Kleber

1 Schneide ein Stück rotes Tonpapier in der Höhe deiner Klorolle aus. Das Papier muss so lang sein, dass du damit die Klorolle komplett umwickeln kannst.

2 Bestreiche das Tonpapier mit Kleber und wickle es einmal um die Rolle.

Man kann auch »Mitra« dazu sagen.

3 Schneide aus dem roten Tonpapier ein Dreieck als Nikolaushut aus.

4 Zeichne als Nächstes ein Gesicht, Arme und einen Bischofsstab für deinen Nikolaus auf das weiße Papier, male sie mit Buntstiften an und schneide sie aus. Klebe den Stab anschließend an einem Arm fest.

5 Klebe nun den Hut an das Gesicht. Danach klebst du das Gesicht oben und die Arme seitlich an der Rolle fest.

6 Als Letztes schneidest oder zupfst du aus der Watte einen Bart und befestigst ihn mit einem Klecks Kleber am Nikolausgesicht.

Du kannst einen Zettel drin verstecken? Einen Gutschein? Einen Gruß?

Welche Kopfbedeckung und welchen Stab soll der Nikolaus sich in
diesem Jahr aussuchen? Was meinst du? Kreuze sie an.

RUTSCHPARTIE

Es schneit, da kommt der Nikolaus
gehetzt aus seinem Ferienhaus.
Oje, Dezember, es liegt Eis.
Ihm wird vor Panik schrecklich heiß.
Die Stiefel steh'n schon vor den Türen
und er muss noch Geschenke schnüren.
Der Weg ist weit durch Zeit und Raum.
Doch plötzlich hat er einen Traum.
Das Eis ist die perfekte Rutsche.
Er nimmt den Hintern, keine Kutsche,
und schwupps in kühnem Saltoflug
schafft er's noch gerade früh genug.
Sein Sack ist prall gefüllt und rund,
raus oben lugt ein Stofftier-Hund.
Uwe-Michael Gutzschhahn

34

TIERISCHE WINTERÜBERLEBENSKÜNSTLER

Wenn es im Winter kalt wird, machen wir es uns drinnen gerne mit Plätzchen und Kakao gemütlich.

Wie erleben das die Tiere – ohne Heizung und mit wenig Futter, das sie noch auf dem Boden oder an den Bäumen finden?

Im Herbst bereiten sich viele Tiere, zum Beispiel Igel, Hamster und Fledermäuse, auf den Winterschlaf vor: Sie fressen sich ein dickes Fettpolster an und sammeln welke Blätter und Moos. Daraus bauen sie in Erdhöhlen oder Baumstämmen gemütliche Nester. Am Jahresende fallen sie dann in einen langen Winterschlaf. In diesem fast reglosen Zustand können sie Atmung, Herzschlag und Temperatur so stark absenken, dass sie ganz wenig Energie verbrauchen.

Auch Fische und Frösche können ihre Temperatur der ihrer Umgebung anpassen: Je kälter es draußen ist, desto träger werden sie – bis sie völlig in eine Winterstarre verfallen.

Andere Tiere wie Eichhörnchen halten Winterruhe: Sie schlafen weniger lang und tief als die Winterschläfer, senken auch ihre Körpertemperatur nicht so stark ab und wachen zwischendurch immer wieder hungrig auf. Dann suchen sie nach den Vorräten, die sie im Herbst im Boden vergraben haben. Meist finden sie allerdings nur einen Teil davon wieder – und im Frühling wachsen aus den restlichen Früchten Bäume und Sträucher.

Füchsen, Hasen und Rehen wächst im Winter ein dickeres Fell als Schutz gegen die Kälte, einige größere Vögel bekommen ein dickes Federkleid.

Lösung: ◊ Eichhörnchen: Nüsse, Kastanien ◊ Siebenschläfer: Beeren, Früchte, Blätter ◊ Frosch: Insekten ◊ Hamster: Blätter, Karotten, Getreide ◊ Igel: Würmer, Käfer ◊ Fledermaus: Insekten, Spinnen

Hier siehst du verschiedene Tiere, die Winterruhe und Winterschlaf halten oder in Winterstarre verfallen. Wenn sie danach
aufwachen, sind sie richtig hungrig. Hilf ihnen und verbinde
sie mit dem richtigen Futter!

Den ganzen Herbst lang hat das
Eichhörnchen Bucheckern, Eicheln,
Pilze und Nüsse als Wintervorrat
im Boden und in Baumspalten
versteckt. Jetzt ist es wach geworden –
und hat leider überhaupt keine
Ahnung mehr, wo was vergraben ist.
Hilfst du ihm, seine zehn versteckten
Schätze wiederzufinden?

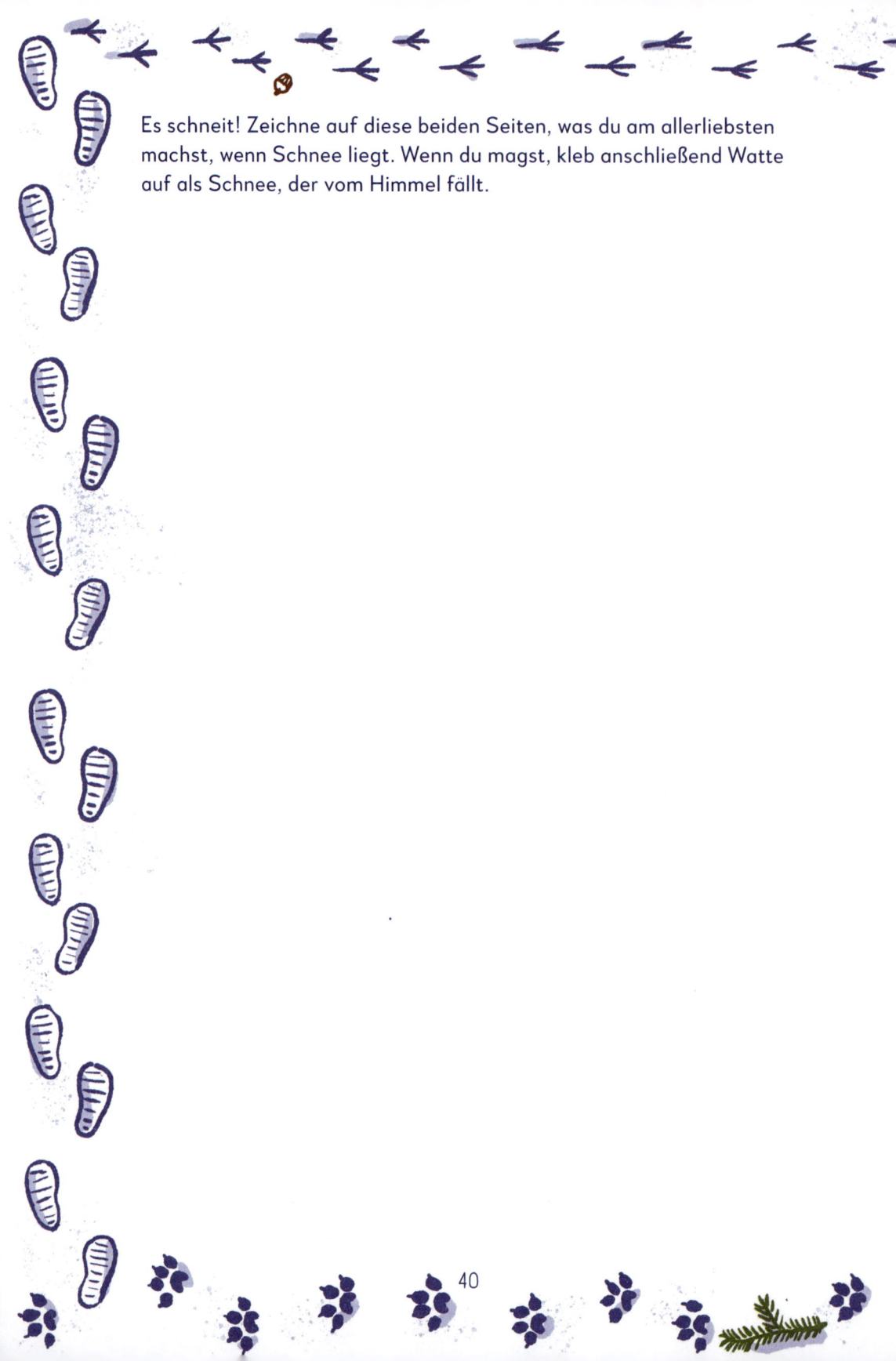

Es schneit! Zeichne auf diese beiden Seiten, was du am allerliebsten machst, wenn Schnee liegt. Wenn du magst, kleb anschließend Watte auf als Schnee, der vom Himmel fällt.

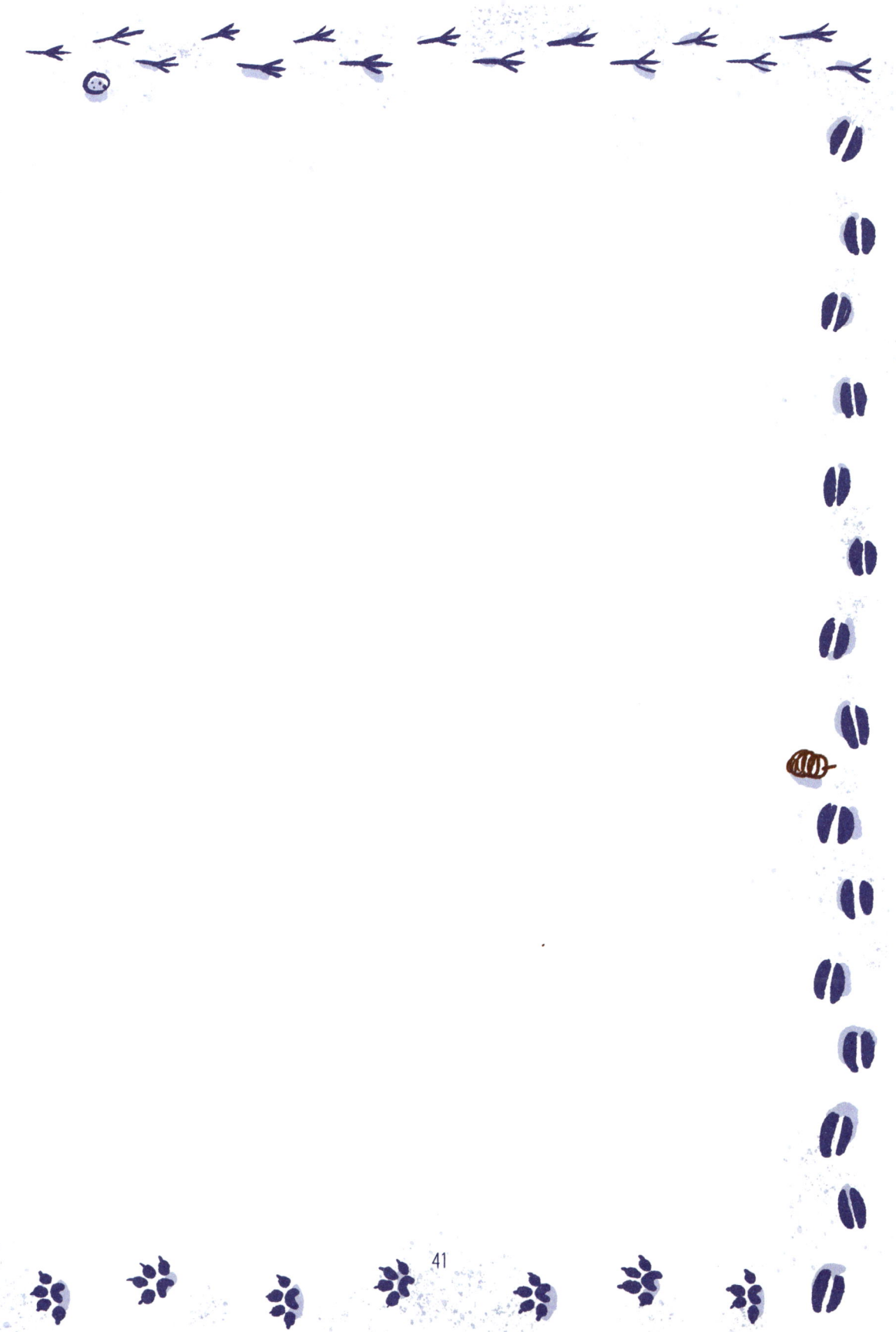

UPCYCLING-REGENBOGEN-KERZEN HERSTELLEN

Du brauchst dafür: ◊ verschiedenfarbige Kerzenreste ◊ einen Kerzendocht (aus dem Bastelgeschäft) ◊ ein leeres Glas für die spätere Kerze ◊ einen Stift ◊ ein größeres Marmeladenglas, um das Wachs zu schmelzen ◊ ein Holzstäbchen

Such dir einen Erwachsenen als Assistenten, da das Kerzenwachs sehr heiß wird!

1 Entferne alte Dochte und Teelichthüllen von den Kerzenresten und sortiere die Kerzenreste nach Farben.

2 Fülle die Reste einer Farbe in das Marmeladenglas und stelle dieses in ein Wasserbad. Lass das Wachs im Glas langsam schmelzen und rühre dabei immer wieder mit dem Holzstäbchen um.

3 Wickle den Docht um deinen Stift, sodass er gerade so lang wie dein Kerzenglas ist, und befestige ihn mit etwas flüssigem Wachs in der Mitte des Glasbodens.

4 Wenn das gesamte Wachs geschmolzen ist, fülle es vorsichtig in das Kerzenglas. Warte, bis das Wachs getrocknet ist (mindestens 30 Minuten).

5 Jetzt kannst du die nächsten Kerzenreste im Marmeladenglas schmelzen und auf die erste Schicht Wachs im Kerzenglas gießen.

6 Wiederhole die einzelnen Schritte, bis dein Regenbogenglas gefüllt ist.

Wenn du nicht genug unterschiedlich farbige Kerzenreste hast, kannst du im Bastelgeschäft Kerzenfarbe kaufen.

44

ADVENTSKRANZ-KERZEN

Früher hatte der Adventskranz so viele Kerzen, wie es Tage im Advent gibt, um das Warten auf Weihnachten noch spannender zu machen: Vier weiße Kerzen symbolisierten die Adventssonntage und viele kleinere rote Kerzen standen für die Wochentage.

Dir sind die einfarbigen gekauften Kerzen auf eurem Adventskranz zu langweilig? Verschönere sie ruckzuck, indem du sie beklebst.

Dafür brauchst du: ◊ einfarbige lange oder kurze dickere Kerzen ◊ buntes Metallpapier (DIN A4) ◊ Schere ◊ Kleber ◊ Bleistift ◊ Plätzchen-Ausstechformen

LOS GEHT'S!

1 Schneide kleine Sterne, Monde, Tannenbäume oder andere Figuren und Formen aus dem Metallpapier aus. Am besten geht das, wenn du die Formen mit einem Bleistift vorzeichnest. Du kannst auch Ausstechformen als Schablonen benutzen.

Das klappt auch gut mit Papierresten!

2 Bestreiche die Rückseiten mit Kleber und klebe die Formen und Figuren auf die Kerzen.

Ich kann auch Kerze!

FUNKELNDES WEIHNACHTSLICHT

Dafür brauchst du: ◊ Butterbrottüten ◊ buntes Transparentpapier ◊ kleine Gläser (z.B. Marmeladengläser) ◊ Teelichter ◊ Schere ◊ Kleber ◊ Bleistift ◊ eventuell Plätzchen-Ausstechformen ◊ lange Streichhölzer

1 Zeichne weihnachtliche Motive auf das Transparentpapier – dafür kannst du auch gut Plätzchen-Ausstechformen verwenden.

2 Schneide die Motive mit der Schere aus.

3 Klebe sie auf beide Seiten der Butterbrottüten.

4 Lege ein Teelicht in das Glas und stelle das Glas in die geöffnete Butterbrottüte.

5 Zünde vorsichtig dein Weihnachtslicht mit einem langen Streichholz an – und ruckzuck breitet sich gemütliche Adventsstimmung aus.

HAST DU SCHON MAL EIN EIGENES GEDICHT GESCHRIEBEN?

Gedichte können ganz verschieden sein – wie diese beiden über den Winter:

DIE ENTEN LAUFEN SCHLITTSCHUH

Die Enten laufen Schlittschuh
auf ihrem kleinen Teich.
Wo haben sie denn die Schlittschuh her,
sie sind doch gar nicht reich?
Wo haben sie denn die Schlittschuh her?
Woher? Vom Schlittschuhschmied!
Der hat sie ihnen geschenkt,
weißt du, für ein Entenschnatterlied.
Christian Morgenstern

DER SCHNEEMANN

Wenn der Schneemann lacht,
ist der Winter erwacht.
Monika Minder

JETZT BIST DU DRAN!

Überleg dir zuerst ein paar Wörter, die sich auf die folgenden reimen:

Schnee ....   Nacht ....

....

Tier ....   kalt ....

....

Haus ....   weiß ....

.... 48 ....

Du kannst dir natürlich auch andere winterliche Reimpaare ausdenken.

K ....

P ....

Sch ....

Sch ....

sch ....

T ....

W ....

d ....

F ....

G ....

Wenn du schöne Wortpaare gefunden hast, dann mach wie Monika Minder einen Satz in zwei Zeilen daraus und schreib ihn hier auf:

....

....

....

....

....

FROHFLOCKEN

Sie tänzeln und taumeln
beherzt mit dem Wind,
wehen sich, drehen sich
sacht und geschwind.
Sie kichern, sie glucksen,
sind lustig und witzlig,
sie schmunzeln gemeinsam
und jede ist kitzlig.
Nach all diesem Spaß
im luftigen Fliegen
bleiben sie schwindlig
und laut lachend liegen.

Lena Raubaum

Mein Super-Weihnachts

für

Idee

fertig?
ja ○ nein ○

für

Idee

fertig?
ja ○ nein ○

für

Idee

fertig?
ja ○ nein ○

für

Idee

fertig?
ja ○ nein ○

Hast du die Geschenke g

für

_____

Idee

fertig? ja O nein O

für

_____

Idee

fertig?
ja O nein O

Geschenke

für

_____

Idee

fertig?
ja O nein O

-Planer

für

_____

Idee

fertig?
ja O nein O

für

_____

Idee

fertig? ja O nein O

ersteckt?

OH TANNENBAUM!

Seit fast 500 Jahren schmückt man an Weihnachten Tannenbäume. Früher hängte man sie sogar oft verkehrt herum an die Wohnzimmerdecke, um Platz zu sparen. Ob richtig- oder falsch herum: Die Bäume wurden mit Nüssen, Äpfeln, Datteln und anderen Leckereien geschmückt. Manche hängten sogar Käse in die Zweige! Diesen köstlichen Schmuck durften die Kinder an den Weihnachtstagen abnehmen und aufessen.

LUSTIGES WEIHNACHTSLAMETTA

Achtung, blättere die rechte Seite einmal um, bevor du sie zerschneidest!

Kennst du Lametta? Das sind silber- oder goldfarbene feine Metallstreifen, die man früher als Schmuck an den Tannenbaum gehängt hat.

Auf der nächsten Seite kannst du dein eigenes Lametta herstellen!

Dafür brauchst du: ◊ bunte oder glitzernde Stifte oder Wasserfarben ◊ Schere

1 Schnapp dir deine Stifte oder Pinsel und mal die rechte Seite bis zur letzten Ecke bunt aus.

2 Wenn du magst, leg anschließend noch eine extra Schicht Glitzer drüber.

3 Schneide jetzt die ganze Buchseite der Länge nach in möglichst feine Streifen. Fertig ist dein lustiges Weihnachtslametta!

Du willst noch mehr Lametta herstellen? Kein Problem: Du kannst dafür jedes dünnere Papier nehmen, z.B. Zeitung oder Zeitschriften, und es so zu Weihnachtsschmuck upcyceln, also wiederverwenden.

POP-UP-SCHMUCK
FÜR DEN WEIHNACHTSBAUM

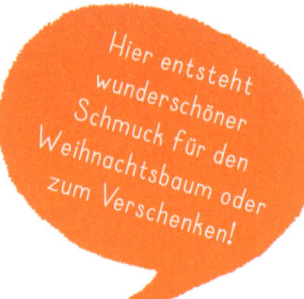

Hier entsteht wunderschöner Schmuck für den Weihnachtsbaum oder zum Verschenken!

Du brauchst dafür: ◊ Buntstifte ◊ Schere ◊ Kleber
◊ etwa 20 Zentimeter Geschenkband oder dickere Schnur
◊ eventuell Glitzerstifte ◊ Pailletten zum Verzieren

1 Male die Weihnachtsbäume rechts in deinen Lieblingsfarben, mit schönen Mustern oder kleinen Bildern aus.

3 Bestreich die Hälfte eines Baums mit Kleber und kleb sie an eine Hälfte eines anderen Baums. Achte darauf, dass beide Hälften genau aufeinandersitzen.

2 Schneide nun alle sechs Bäume aus und knick sie einmal entlang der gestrichelten Linie.

4 Wiederhole die beiden Schritte mit den restlichen Baumhälften, bis dein Pop-up-Baum nur noch an einer Stelle geöffnet ist.

5 Forme eine Schlaufe aus dem Geschenkband oder der Schnur und kleb die letzten drei bis vier Zentimeter davon zwischen die beiden Baumhälften.

6 Jetzt klebst du auch noch diese Hälften aufeinander. Öffne die gefalteten Bäume ein bisschen und verziere sie, wenn du magst, noch mit Glitzerpailletten. Fertig!

Achtung!
Blättere die Seite
einmal um, bevor du sie
zerschneidest!

GELERNT IST GELERNT

Wenn Osterhasen
Weihnacht feiern,

schmücken sie
den Baum mit Eiern.

Michael Augustin

WIE FEIERN KINDER ÜBERALL AUF DER WELT WEIHNACHTEN?

Weihnachten ist der Tag, an dem Jesus geboren wurde. Es wird seit fast 2000 Jahren gefeiert und ist eins der wichtigsten christlichen Feste. Überall auf der Welt freuen Kinder sich auf Weihnachten. Und je nach Land gibt es ganz schön große Unterschiede!

Kalá Christoúgenna

GRIECHENLAND

Wer bringt die Geschenke?

Der heilige Nikolaus (in Griechenland heißt er *Vassilios*) bringt am 1. Januar die Geschenke, die er unterm Bett versteckt.

Was wird an Weihnachten gegessen?

Weihnachtsgebäck wie *Kourambiedes* (Butterplätzchen mit Mandeln und viel Puderzucker), *Melomakarona* (Honiggebäck) und *Vasilópita* (ein Weihnachtskuchen, in dem eine Goldmünze mitgebacken wird). Abends isst man Fisch und Meeresfrüchte als Vorspeise, Truthahn oder Spanferkel als Hauptgericht.

Was machen Kinder noch an Weihnachten?

Sie ziehen am 24. Dezember mit Glöckchen, Triangeln und Trommeln von Haus zu Haus und singen die *Kalanda* – Lieder, die von der Geburt Christi erzählen und Glück bringen sollen.

ITALIEN

Wer bringt die Geschenke?

In Italien wird zweimal beschert: am 25. Dezember von *Babbo Natale* und in der Nacht vom 5. auf den 6. Januar von der Weihnachtshexe *Befana.* Sie wollte dem Jesuskind eigentlich gleich zur Geburt Geschenke bringen, verspätete sich aber ein bisschen, weil sie sich nicht richtig an den Weihnachtssternen orientieren konnte.

Was wird an Weihnachten gegessen?

Am 24. Dezember wird Fisch gegessen, am 25. Dezember gibt es ein Festmahl mit vielen Gängen – und als Nachtisch häufig *Panettone*, einen köstlichen Kuchen.

Buon Natale

POLEN

Wer bringt die Geschenke?

Der Sternenmann mit seinen Helfern, den Sternenjungen.

Was wird an Weihnachten gegessen?

In Polen werden, wenn der Abendstern am Himmel erschienen ist, traditionell zwölf Gänge gegessen (wegen der zwölf Apostel), aber kein Fleisch. Typisch sind *Barszcz* (Rote-Bete-Suppe), *Pierogi* (Teigtaschen, gefüllt mit Sauerkraut und Pilzen) und Fisch (Rollmops, Matjes, Karpfen oder gebratener Fisch).

Was machen die Kinder noch an Weihnachten?

Viele gehen mit ihren Eltern um Mitternacht in die Christmesse.

Wesołych Świat

Crăciun Fericit

RUMÄNIEN

Wer bringt die Geschenke?

Am 25. Dezember das Christkind. Es heißt *Ježíšek*, was Djik ausgesprochen wird.

Was wird an Weihnachten gegessen?

Als Hauptgericht isst man meist Schweinefleisch. Eine süße weihnachtliche Spezialität ist *Cozonac*, ein Kuchen, der aus Mohn und Nüssen zubereitet wird. Weil vorher gefastet wurde, wird an den Weihnachtsfeiertagen besonders viel gegessen. Und weil es in Rumänien heißt, dass die Seelen der Toten zwischen Weihnachten und Silvester kommen und mit den Lebenden feiern, wird für sie gleich mitgegessen.

Was machen die Kinder noch in der Adventszeit?

In traditionellen Gewändern ziehen sie singend von Tür zu Tür. Dabei werden sie manchmal von jemandem begleitet, der als Ziege verkleidet ist und allerlei Unfug treibt.

SCHWEDEN

Wer bringt die Geschenke?

Früher der *Julbock* (Ziegenbock), heute der *Jultomte* (Weihnachtswichtel), der von zwei Ziegenböcken begleitet wird.

Was wird an Weihnachten gegessen?

Julskinka, das ist Weihnachtsschinken. Als Nachtisch isst man Reisgrütze (*Risgröt*). In einer Portion wird eine Mandel versteckt. Wer sie findet, darf sich etwas wünschen.

Was machen die Kinder noch in der Adventszeit?

Am 13. Dezember feiern sie *Lucia*. Lucia ist die Lichterkönigin, die die Dunkelheit des Winters erhellt.

God Jul

SPANIEN

Wer bringt die Geschenke?
Die Heiligen Drei Könige, auf Spanisch heißen sie *Reyes Magos,* am 6. Januar.

Was wird an Weihnachten gegessen?
Lamm, Truthahn, gebratener Fisch oder Austern und viel Süßes wie *Turrón,* ein Gebäck aus Mandeln, Eiweiß und Honig.

Was machen die Kinder noch in der Adventszeit?
Am 28. Dezember, dem *Día de los Inocentes* (dem Tag der Unschuldigen), spielt man sich in Spanien gerne Streiche. Wenn die Weihnachtskrippe aufgestellt wird, suchen Kinder in Katalonien, der Gegend um Barcelona, oft zuerst den *Caganer,* einer Figur mit nacktem Po, die ihr großes Geschäft verrichtet und traditionell als Glücksbringer gilt.

ENGLAND

Wer bringt die Geschenke?

Der Weihnachtsmann (*Father Christmas*): Er rutscht in der Nacht vom 24. auf den 25. Dezember durch den Kamin ins Haus und steckt die Geschenke in Socken, die Kinder und Erwachsene am Kamin aufgehängt haben.

Was wird an Weihnachten gegessen?

Typische Weihnachtsspeisen sind Braten, gefüllter Truthahn und englischer Pudding, der *Christmas Pudding* oder *Plum Pudding*. Häufig trägt man zum Essen bunte Hüte aus Papier und lässt Knallbonbons (*Christmas Cracker*) platzen.

Was machen die Kinder noch an Weihnachten?

Sie schauen mit ihren Familien die Weihnachtsansprache ihrer Königin, der Queen, im Fernsehen.

66

WEIHNACHTSMANDALAS GEGEN LANGEWEILE

Schnapp dir deine Lieblingsstifte und mal diese Schneeflocken-Mandalas in den schönsten Farben aus: leuchtend bunt oder stimmungsvoll weihnachtlich – wie du magst!

Schneeflockchen, Weißröckchen,
wann kommst du geschneit?
Du wohnst in den Wolken,
dein Weg ist so weit.
Hedwig Haberkern

STADT, LAND, WEIHNACHTEN

1 Stadt, Land, Fluss kennst du bestimmt. Und Stadt, Land, Weihnachten? Dafür übertragen alle, die mitspielen wollen, zuerst die Tabelle rechts auf ein DIN-A4-Papier.

2 Jetzt einigt ihr euch auf einen Buchstaben aus dem Alphabet und lasst euch dann so schnell wie möglich jeweils ein Wort einfallen, das zu den Oberbegriffen passt.

3 Wer zuerst die ganze Zeile der Tabelle ausgefüllt hat, stoppt die Runde. Jetzt darf keiner mehr weiterschreiben, und ihr zählt eure Punkte zusammen: Für jedes Wort, das euch eingefallen ist, gibt es einen Punkt. Für ein Winter- oder Weihnachtswort sogar zwei Punkte.

4 Nächste Runde: Sucht euch einen anderen Buchstaben aus und legt von vorne los.

5 Wenn die Tabelle voll ist, zählt jeder seine Gesamtpunkte zusammen. Wer hat gewonnen?

Weihnachts-/ Winterfigur	(Winter-) Sport	(Winter-)Getränk oder -Essen **2x**	(Weihnachts-) Lied **2x**	mein Weihnachts- Wunsch für alle **2x**	mein Weihnachts- Wunsch für mich	Punkte

73

BINGO FÜR DIE SCHULE
ODER MIT DER FAMILIE

1 Jeder schreibt unabhängig voneinander fünf Wörter auf, die jemand, zum Beispiel deine Lehrerin, dein Vater oder deine Mutter, innerhalb der nächsten Stunde garantiert sagen wird.

2 Dann geht's los: Pass im Unterricht besonders gut auf oder versuch, die Person in ein Gespräch zu verwickeln.

3 Jedes Mal, wenn sie ein Wort verwendet, das du aufgeschrieben hast, darfst du es von deiner Liste streichen.

4 Wer zuerst alle Wörter durchstreichen kann, ruft »Bingo!« und gewinnt!

DIESE VÖGEL BLEIBEN IM WINTER BEI UNS

Man nennt sie deshalb auch »Standvögel«, im Gegensatz zu den »Zugvögeln«, also den Vögeln, die nach Südeuropa oder sogar nach Afrika fliegen.

Buntspecht

Amsel

Blaumeise

Buchfink

Rotkehlchen

Haussperling

Was Vögel im Winter besonders brauchen, ist viel Energie. Die steckt in der Nahrung.

Hilf ihnen und stell eine eigene Futtertasse her!

DEINE VOGELFUTTERTASSE

Dafür brauchst du: ◊ einen Topf ◊ einen Kochlöffel ◊ 100 Gramm Rindertalg (vom Metzger) oder Kokosfett ◊ 2 Esslöffel Haferflocken ◊ einen Esslöffel Sonnenblumenkerne ◊ einen Esslöffel Leinsamen ◊ eventuell ein paar getrocknete Beeren oder ungesalzene Nüsse ◊ eine alte Tasse aus Porzellan ◊ einen etwa 10 Zentimeter langen, dünnen Ast ◊ etwa 20 Zentimeter dickeres Garn

1 Erwärme bei mittlerer Temperatur in einem Topf den Rindertalg oder das Kokosfett auf dem Herd. Achte darauf, dass das Fett nicht siedet.

2 Gib deine Flocken-Kerne-Samen-Mischung dazu und ergänze die Beeren oder Nüsse, wenn du welche hast. Rühr alles gut um.

3 Füll diese Mischung in die Tasse, steck den Ast fest hinein und lass das Ganze abkühlen.

4 Mit dem Garn kannst du zum Schluss die Tasse am Henkel draußen so aufhängen, dass du die verschiedenen Vögel, die sich in den nächsten Wochen über deine Futtertasse freuen, durchs Fenster möglichst gut beobachten kannst.

DIE SUPERKRÄFTE VON VÖGELN

Im Herbst fliegen viele Vögel in den warmen Süden, um dort zu überwintern. Aber es gibt auch Vögel, die hierbleiben. Mit diesen coolen Tricks schaffen sie das – trotz der harten Winterbedingungen:

Sie plustern ihr Gefieder auf und speichern warme Luft zwischen den Federschichten, um sich warm zu halten. Als hätten sie einen gut gepolsterten Ganzkörperanzug an!

Treffen Sonnenstrahlen auf helle Flächen, wird das Sonnenlicht reflektiert. Dunkle Oberflächen dagegen können es viel besser aufnehmen und erwärmen sich deshalb auch schneller. Dieses Prinzip nutzen Vögel geschickt aus: Sobald sich im Winter die Sonne zeigt, nehmen sie ein Sonnenbad und speichern die Wärme in den dunkleren Teilen ihres Gefieders. Wenn es extrem kalt ist, sparen Vögel Energie, indem sie ihre Körpertemperatur herunterfahren und in eine Art Starre verfallen. Sie kuscheln sich dann auch gerne zum Schlafen aneinander und bilden richtige Schlafgemeinschaften.

Wasservögel wie Enten und Schwäne sind im Winter oft auf zugefrorenen Seen oder Flüssen unterwegs. Das schaffen sie, ohne dass ihre Füße dabei am Boden festfrieren, indem sie die Temperatur in den Füßen und Beinen regulieren: Das warme Blut vom Körper und das kalte Blut aus den Füßen erwärmen und kühlen sich gegenseitig ab. Als hätten sie ein eingebautes Thermostat, können Enten und Schwäne, aber zum Beispiel auch Pinguine, so selbst dafür sorgen, dass sie kalte Füße haben. Dadurch liegt die Körpertemperatur dort bei etwa null Grad, und das Eis darunter taut nicht.

BASTEL DIR DEINEN WÄSCHEKLAMMER-RUDOLPH!

Du brauchst dafür: ◊ 3 Wäscheklammern aus Holz ◊ ein Stück feste Pappe
(2 Zentimeter breit, 7 Zentimeter lang) ◊ braune Wasser-, Acryl- oder Plaka-
Farbe ◊ Kleber ◊ einen roten Mini-Pompon ◊ einen weißen Mini-Pompon (gibt's
im Bastelgeschäft) ◊ 2 Wackelaugen

1 Male die Pappe und die drei Wäscheklammern braun an.

2 Stecke die Klammern dann so an die Pappe, wie hier abgebildet, und klebe alles gut zusammen.

3 Lass das Ganze eine Stunde trocknen.

4 Kleb die Wackelaugen und als Nase den roten Pompon in Rudolphs Gesicht fest. Den weißen Pompon befestigst du auf der Rückseite am Rentierpopo.

Der Weihnachtsmann staunt nicht schlecht:
Denn statt Rentier Rudolph fliegt in diesem Jahr
ein ganz anderes Tier vor seinem Weihnachtsschlitten,
um ihn zu ziehen. Welches?

Stell dir vor, es ist Sommer und du bist auf einer Insel –
irgendwo, wo es schön warm und sonnig ist. Du schaust dich
um und siehst ... Schneemänner, die statt zu schmelzen jede
Menge Spaß haben. Wie würde das aussehen?
Was fällt dir dazu noch ein?

SCHNEE FÜR ALLE FÄLLE!

Du willst sicher sein, dass es im Dezember wirklich schneit? Kein Problem mit diesem Trick!

Du brauchst dafür: ◊ eine Dose Rasierschaum (200 g) ◊ 400 g Speisestärke (du kannst auch Backpulver oder Natron nehmen) ◊ eine große Schüssel ◊ vielleicht etwas Glitzerpulver

1 Schüttle die Dose Rasierschaum kräftig und sprühe den ganzen Schaum in die Schüssel.

2 Gib nun esslöffelweise die Speisestärke dazu und vermenge alles mit den Händen, bis eine pulverige Masse entsteht: dein künstlicher Schnee, aus dem du Schneemänner oder Schneebälle formen kannst. Wenn du magst, gib vorher noch etwas Glitzerpulver dazu, damit dein Schnee eisig-schön schimmert.

Schnee im Sommer? Na klar: Forme, wenn es schneit, Schneebälle, steck sie in einen Gefrierbeutel, verschließ diesen luftdicht und leg ihn in den Tiefkühlschrank.

IHR KINDERLEIN KOMMET ...
UND ZWAR ZU DEINER WEIHNACHTSKRIPPE!

Fang erst mit dem Stall an und bastel dann die Figuren.

DER STALL

Du brauchst dafür: ◊ einen Schuhkarton ohne Deckel ◊ Wasser-farben ◊ Schere ◊ Kleber ◊ 2 Päckchen Zahnstocher ◊ eventuell Holzwolle, Moos oder Heu

1   Schnapp dir einen Schuhkarton und bemale ihn innen und außen: Eine lange Seite wird der Fußboden, die andere das Dach. In die kurzen Seiten schneidest du zwei Fenster.

2   Sobald die Farbe trocken ist, kannst du das Dach decken: Bestreiche die Dachseite mit Kleber und schichte die Zahnstocher nebeneinander darauf. Lass sie ruhig etwas über den Rand stehen.

3   Mit Holzwolle, Moos oder Heu kannst du den Boden auslegen.

DIE KRIPPE

Du brauchst dafür: ◊ eine Streichholzschachtel ◊ Streichhölzer ◊ Wasserfarben ◊ 4 Streichhölzer ◊ Schere ◊ Kleber ◊ Watte

1   Bemale den leeren Innenteil einer Streichholzschachtel: Das wird deine Krippe.

2   Bohre an allen vier Ecken mit der Schere kleine Löcher in die Schachtel und steck vier Streich-hölzer als Beine durch die Löcher.

Klebe sie fest und achte darauf, dass alle Streichhölzer ungefähr gleich lang aus den Löchern heraus-schauen, damit die Krippe nicht wackelt.

3   Polstere die Krippe mit etwas Watte aus.

DIE KRIPPENFIGUREN

Du brauchst dafür: ◊ Seite 117 bis 122 dieses Buchs ◊ Pappe (3 x DIN A4) für die Figuren und Ständer ◊ Buntstifte oder Filzstifte ◊ Schere ◊ Kleber

1 Male die Figuren von den Seiten **117** bis **122** an und schneide sie aus. Klebe sie nun auf festeren Karton, damit sie stabil sind.

2 Damit die Figuren gut in der Krippe stehen, kannst du ihnen Halter basteln. Dafür schneidest du pro Figur einen Streifen (2 x 6 Zentimeter) aus der Pappe aus. Falte ihn einmal in der Mitte und klapp die Pappe wieder auseinander. Falte dann beide Enden bis zur Mittellinie, die du jetzt gut erkennen kannst. Klapp das Ganze dann erneut auseinander.

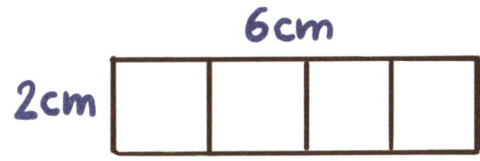

3 Vor dir siehst du jetzt vier Felder auf der Pappe. Die beiden mittleren bestreichst du mit Kleber und drückst sie aneinander. Die beiden äußeren Felder klappst du so ab, dass sie rechtwinklig zum Mittelteil stehen – das ist die Bodenfläche.

hier kleben

4 Bestreich eine Seite des Mittelteils mit Kleber und drück den Halter von hinten gegen eine Figur. Wenn der Kleber getrocknet ist, kannst du die Figur in deiner Krippe aufstellen.

hier kleben

von vorn   von hinten

Der Engel mag aufs Dach

SPRITZ FARBE AUF DIE GESCHENKE!

Kennst du den Künstler Paul Jackson Pollock? Er war ein moderner
Maler und arbeitete, indem er Farbe auf seine Leinwand spritzte,
tropfte oder sogar schüttete. Mach es wie Pollock und verschönere diese Weihnachtsgeschenke, die noch viel zu
farblos verpackt sind, mit bunter Wasserfarbe:
Tropf und spritz die Farbe mit dem Pinsel
über das Bild oder mach extra breite
bunte Striche!

DREI KÖNIGE

Der erste König sagt:
Es liegt in einem Stall!

Der zweite König sagt:
Du hast ja einen Knall!

Der dritte König sagt:
Wir gehn auf keinen Fall!

So sind die drei zu Haus geblieben
beim Krippenfest mit ihren Lieben.

Michael Augustin

SELBST BEDRUCKTES GESCHENKPAPIER

Jetzt hast du schon richtig viele Weihnachtsgeschenke gebastelt. Was fehlt? Na klar: das passende Geschenkpapier!

Du brauchst dafür: ◊ ein Stück Moosgummi ◊ ein Stück dicke Pappe ◊ einen Korken ◊ einen Filzstift ◊ Schere ◊ Kleber ◊ weiße DIN-A3-Blätter oder Packpapier zum Bestempeln ◊ Wasserfarbe und einen Pinsel oder ein buntes Stempelkissen

1   Zeichne die Form für deinen Stempel auf das Moosgummi – zum Beispiel einen kleinen Tannenbaum oder einen Stern.

2   Schneide die Form aus.

3   Klebe sie nun auf die eine Seite der Pappe und auf die andere Seite den Korken. Lass alles gut trocknen.

4   Jetzt kannst du den Stempel mit Wasserfarbe einpinseln und anschließend das Papier mit deinem Stempel bedrucken.

GESCHENKPAPIER MIT SPRITZBILD

Dafür brauchst du: ◊ ein Stück Pappe (DIN A4) ◊ einen Filzstift
◊ eine alte Zahnbürste oder einen harten, mittelgroßen Pinsel ◊ ein feines
Sieb, z. B. ein kleines Teesieb ◊ Wasserfarbe ◊ weiße DIN-A3-Blätter
oder Packpapier zum Bestempeln

1 Schneide verschiedene Formen aus der Pappe aus, wie einen Weihnachtsbaum, ein Herz und einen Stern.

2 Leg die Formen auf das Papier.

3 Nun tauchst du die Zahnbürste oder den Pinsel gut in die Wasserfarbe und reibst sie auf dem Sieb, das du über die ausgeschnittenen Formen hältst, hin und her.

4 Wenn die Farbe getrocknet ist, nimmst du die Formen vom Papier, wo jetzt ein schönes Muster entstanden ist.

MAUSE-STARKE KLAPPKARTEN-ANHÄNGER

Mit den Stempeln von der vorherigen Doppelseite kannst du auch tolle Klappkarten-Anhänger oder Geschenk-Etiketten basteln.

1 Dazu schneidest du aus buntem Tonpapier ein Rechteck (7 x 10 Zentimeter) aus.

2 Falte es einmal in der Mitte und loche deine Klappkarte oben neben der Kante, um sie mit Geschenkband (am besten ziehst du es als Schlaufe durch das Loch) als Anhänger an einem Geschenk befestigen zu können.

3 Du kannst entweder eine kleine Nachricht in deiner Karte verstecken oder den Namen der Person aufschreiben, die das Geschenk bekommen soll.

4 Verschönere zuletzt die Vorder- und Rückseite deiner Karte mit den Stempeln von Seite 96.

5 Wenn du statt der Klappkarte ein einfaches Etikett an deinem Geschenk befestigen möchtest, schneidest du diese Form aus deinem bunten Tonpapier und lochst sie.

Was magst du lieber? Bunt oder einfarbig?

SUPERSCHNELLER WEIHNACHTSBAUM-SCHMUCK: BUNTE RINGKETTEN

Du brauchst dafür: ◊ verschiedenfarbiges Tonpapier, Glanz- oder Metallpapier (DIN A4) ◊ Schere ◊ Kleber ◊ Lineal ◊ Bleistift

1 Schneide mehrere etwa einen Zentimeter breite und 10 Zentimeter lange Streifen aus dem Papier.

2 Klebe die Enden eines Streifens zusammen, sodass ein Ring entsteht.

3 Nimm den nächsten Streifen, steck ihn durch den Ring und klebe auch hier die Enden zusammen, sodass ein zweiter Ring entsteht.

4 Jetzt steckst du den dritten Streifen durch den zweiten Ring.

5 So machst du immer weiter, bis die Kette lang genug ist.

mit Vanillesoße...

Benutz beim Rausholen unbedingt Topflappen und schalte anschließend den Ofen aus.

HIMMLISCH LECKERE BRATÄPFEL

Du brauchst dafür pro Person: ◊ einen Apfel ◊ 2 Esslöffel Rosinen ◊ 2 Esslöffel Haferflocken ◊ 2 Esslöffel Zucker ◊ 2 Esslöffel gemahlene Haselnüsse oder Mandeln ◊ Butter ◊ flache ofenfeste Form ◊ Teelöffel ◊ Backpinsel ◊ Apfelausstecher

1 Wasche die Äpfel und entferne das Gehäuse mit einem Apfelausstecher.

2 Fette die Form mit Butter ein und setze die Äpfel hinein.

3 Misch in einer Schüssel je 2 Esslöffel Rosinen, Haferflocken, Zucker und gemahlene Haselnüsse oder Mandeln miteinander.

4 Nun füll die Mischung mit einem Teelöffel in die Äpfel.

5 Als Letztes gib auf jeden Apfel einen Teelöffel Butter.

6 Schieb die Form in den Ofen und lass die Äpfel bei 200 Grad etwa 30 Minuten garen.

GUTEN APPETIT!

LEICHTER SCHNEE

Einmal zählte ich den Schnee.
Ich zählte die Flocken, ihre Kristalle.
Die Spitzen alle
berührten wie winzige Katzentatzen
behutsam den See.
Als würden sie fast noch schweben,
zitternd vor Leben.
Als würden sie nur einen Augenblick schwatzen
und flögen dann weiter
wie eine frierende Fee.

Uwe-Michael
Gutzschhahn

VOM HIMMEL HOCH, DA KOMM ICH HER: DEIN ORIGAMI-WEIHNACHTSENGEL

Du brauchst für einen Engel: ◊ ein Stück farbiges Tonpapier oder selbst bemaltes Papier (DIN A4) ◊ Schere ◊ Lineal ◊ Bleistift ◊ 30 Zentimeter Schnur ◊ eine Holzperle

1   **teilen**   **2**   **messen**   **3**   **falten**

1   Falte das farbige Papier in der Mitte, indem du die beiden kürzeren Seiten aufeinanderlegst, und schneide es in zwei Teile.

2   Leg nun die eine Papierhälfte mit der längeren Seite nach oben vor dich hin und falte sie in einen Zentimeter breite Streifen wie bei einer Ziehharmonika.

3   Wiederhole das Ganze mit der zweiten Papierhälfte.

Du kannst für deinen Engel auch Papier aus Zeitschriften oder Zeitungspapier upcyceln.

4

6cm   Knicken

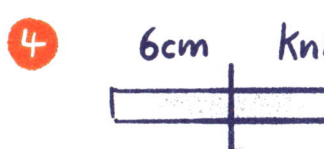

4 festkleben

4 Miss bei beiden gefalteten Papierstreifen 6 Zentimeter ab und knick die Streifen dort jeweils einmal. Jetzt hast du zwei Hälften des

Engelskleids mit Flügeln. Klebe jeden Flügel vorsichtig an seinem Engelkleidteil fest.

5 festkleben

6 auffädeln

5 Lege dann die beiden Kleiderhälften nebeneinander, forme aus der Schnur eine Schlaufe und klebe die unteren 3 Zentimeter der Schlaufe auf einer Kleiderhälfte fest. Anschließend klebst du die beiden Hälfen vorsichtig aneinander.

6 Zum Schluss fädelst du noch die Holzperle als Kopf auf die Schnur.

FERTIG IST DEIN ORIGAMI-ENGEL!

Auf dieser Seite ist Platz, um alle Engel
aufzukleben, die du in der Adventszeit zum
Beispiel in Zeitschriften oder Katalogen
finden kannst. Wenn du magst, zeichne
noch eigene Engel dazu!

meine Weihnachts-Bucket-Liste

- ★ MIT DIESEN MENSCHEN FEIERE ICH AM LIEBSTEN WEIHNACHTEN

- ★ MEIN LIEBLINGS-WEIHNACHTSLIED

- ★ MEIN LIEBSTES WEIHNACHTSESSEN

- ★ MEINE SCHÖNSTE WEIHNACHTSÜBERRASCHUNG

- ★ DARUM MAG ICH WEIHNACHTEN

- ★ DAS WÜNSCHE ICH MIR ZU WEIHNACHTEN

- ★ UND DAS FÜR DAS NEUE JAHR

- ★ DAVON WILL ICH MEHR MACHEN IM NÄCHSTEN JAHR

Auf dieser Seite kannst du alles einkleben oder aufmalen, was dir an der Adventszeit besonders gut gefällt. Überleg mal: Wovon hättest du gerne noch mehr gehabt in den letzten 23 Tagen?

LASS ES SCHNEIEN!

Male deine Lieblingswaldtiere auf buntes Tonpapier, schneide sie aus und klebe sie in die Winterlandschaft auf der vorherigen Doppelseite. Dann nimm einen Stift und stich viele kleine Löcher durch den Himmel im Papier, bis es so aussieht, als würde es auf deinem Winterbild wunderschön schneien!

Das Lieblingstier bin natürlich ich!

GEHEIMNIS-SEITE

Schreibe in die obere rechte Ecke dieser Seite deinen größten Wunsch für das neue Jahr auf. Dann reiß die Ecke aus dem Buch und vergrab sie draußen an einem geheimen Ort. Hoffentlich geht dein Wunsch in Erfüllung!

HIER GIBT'S KRIPPENFIGUREN
UND POSTKARTEN!

Auf den folgenden Seiten findest du deine Krippenfiguren. Am besten klebst du sie auf ein festeres Stück Karton, bevor du sie ausschneidest.

Und als Überraschung gibt es außerdem zwei Postkarten zum Ausmalen und Verschicken. Kleb auch diese vorher auf ein Stück stabile Pappe und schneide sie dann noch einmal aus.

ein Gruß vom Nikolaus

für dich

Liebe

Frohe Weihnachten

_____

_____

_____

_____

_____

_____

_____

_____

Merry Christmas

Keep warm and happy

_____

_____

_____

_____

_____

_____

_____

_____

EMMA STERN liebte es schon als Kind zu basteln und zu malen. Kein weißes Blatt war vor ihr sicher – ebenso wenig wie gute Geschichten. Die sucht sie bis heute von Hamburg und Köln aus im Auftrag von Kinder- und Jugendbuchverlagen und hält dabei immer Ausschau nach besonders kreativen und lustigen Ideen. Weihnachten ist Emmas Lieblingsjahreszeit, besonders wenn es schneit.

SABINE KRANZ hat ihre Familie früher zu Weihnachten gerne mit Gebastel beglückt. Jetzt hat sie sich vorgenommen, dieses Buch im Advent an ihre Kinder zu verschenken. Vielleicht bekommt sie dann zum Fest selbst wunderbares Gebastel? Ihre Lieblingsplätzchen sind übrigens Vanillekipferl, und die Regenbogenkerze findet sie ziemlich gut. Wenn du dich für ihre Illustrationen und Bücher interessierst, schau doch mal hier: www.sabinekranz.de oder unter @sasaillu bei Instagram.